Silvana Lehmann

Aggressionen gegen Lehrkräfte - Gewaltprävention

GRIN Verlag

Bibliografische Information der Deutschen Nationalbibliothek:

Die Deutsche Bibliothek verzeichnet diese Publikation in der Deutschen National-
bibliografie; detaillierte bibliografische Daten sind im Internet über http://dnb.d-
nb.de/ abrufbar.

Impressum:

Copyright © 2006 GRIN Verlag GmbH
Druck und Bindung: Books on Demand GmbH, Norderstedt Germany
ISBN: 978-3-638-92527-3

Dieses Buch bei GRIN:

http://www.grin.com/de/e-book/62033/aggressionen-gegen-lehrkraefte-gewaltprae-
vention

GRIN - Your knowledge has value

Der GRIN Verlag publiziert seit 1998 wissenschaftliche Arbeiten von Studenten, Hochschullehrern und anderen Akademikern als eBook und gedrucktes Buch. Die Verlagswebsite www.grin.com ist die ideale Plattform zur Veröffentlichung von Hausarbeiten, Abschlussarbeiten, wissenschaftlichen Aufsätzen, Dissertationen und Fachbüchern.

Besuchen Sie uns im Internet:

http://www.grin.com/

http://www.facebook.com/grincom

http://www.twitter.com/grin_com

Schriftliche Ausarbeitung zum Referat

„Aggressionen gegen Lehrkräfte"

Thema „Gewaltprävention"

Seminar:
„Aggressionen – pädagogisch bedeutsame Erklärungs- und
Handlungsansätze"
(WS 2005/06)

Referentin:	Silvana Lehmann
Fachsemester:	1
Fachrichtung:	Aufbaustudium Sonderpädagogik
Abgabendatum:	April 2006

Gliederung Seite

1. Einleitung

Das Referat „Aggressionen gegen Lehrkräfte" wurde von fünf Studentinnen des Aufbaustudiengangs Sonderpädagogik vorbereitet und gliederte sich in fünf Schwerpunkte. Den Anfang bildete eine Definition über den Begriff „Aggression gegen Lehrkräfte", welche den Studierenden einen ersten Überblick über die Thematik geben sollte. Anschließend war eine Gruppenarbeitsphase geplant, in welcher die Studierenden mit Hilfe von verschiedenen Bilder und Fallbeispielen, unterschiedliche Arten von Gewalt erarbeiten sollten. Auf dem Handout, welches jeder Studierende erhalten hat, befanden sich einige wichtige Informationen zu diesen Gewaltformen und den Konsequenzen für den Lehrer. Des Weiteren beinhaltete die Handreichung Informationen über aktuelle Untersuchungsergebnisse und über Gewaltprävention.

Gewaltprävention ist meiner Meinung nach ein sehr wichtiges Thema im Zusammenhang mit Gewalt und Aggressionen in der Schule und sollte daher nicht unterschätzt werden. Aus diesem Grund werde ich mich in der folgenden Ausarbeitung vertiefend mit dieser Thematik auseinandersetzen. Ich werde versuchen pädagogische Handlungsweisen zur Gewaltprävention zu erläutern und ein Programm von Olweus näher vorstellen.

2. Grundformen pädagogischer Gewaltprävention

Lothar R. Martin beschreibt in seinem Buch „Gewalt in Schule und Erziehung - Grundformen der Prävention und Intervention" drei Ebenen der Prävention nach Caplan (1964), welche auch von der Weltgesundheitsorganisation (WHO) akzeptiert werden. Diese möchte ich im Folgenden wiedergeben:

> 1) *primäre Prävention* als Vorbeugung in den normalen Interaktionsfeldern und Institutionen der Familie, Schule, Arbeit, Freizeit usw.,
>
> 2) *sekundäre Prävention* als Einwirkung gegen die Verfestigung von Störungen, aggressiven Verhaltenstendenzen usw. bei von Abweichung bedrohten Personen und Gruppen sowie in den sie umgebenden Bedingungsfeldern und Strukturen,
>
> 3) *tertiäre Prävention* als gezielte Intervention bei massiven Problemen, z.B. in persönlich und / oder gesellschaftlich inakzeptablen Fällen abweichenden Verhaltens und Erlebens sowie Maßnahmen der Resozialisierung und Verhütung von Rückfällen.
>
> (Caplan 1964, zitiert in Martin 1999, S. 95)

Interessant finde ich bei dieser Dreiteilung den Begriff der „Abweichung". Es ist davon auszugehen, dass Caplan 1964 durchaus etwas anderes verstanden hat, als wir es heute tun. Was genau er allerdings mit diesem Begriff meint geht aus der mir vorliegenden Quelle nicht hervor. Grundsätzlich lässt sich vermuten, dass damit die Abweichung von der bestehenden gesellschaftlichen Norm gemeint ist. In unserem Falle handelt sich um alle Arten von Gewalt gegen Lehrer, welche von Schülern durchgeführt werden, sei es innerhalb oder außerhalb der Schule.

Im oben genannten Buch von Lothar R. Martin bin ich auf 12 Grundformen pädagogischer Gewaltprävention gestoßen, welche ich im Folgenden auszugsweise kurz vorstellen möchte, da ich sie für sehr interessant und wissenswert halte.

Der Autor selbst leitet die Grundformen wie folgt ein:

> Ihr pädagogischer Charakter ist dadurch gekennzeichnet, dass es sich weithin um ganzheitliche pädagogische Situationen (vgl. P. Petersen) handelt. In ihnen sollen verantwortliche Erzieher – und Lehrer / innen usw. Bedingungen schaffen, Interaktionen und Aktionen anregen, die Kinder und Jugendliche als einzelne und Gruppe emotional, sozial, geistig herausfordern, ihr Denken, ihre Einstellungen, ihre Wertorientierungen, ihre Gewohnheiten und ihre Persönlichkeitskräfte auf prosoziale Ziele und Verhaltensweisen auszurichten, Konflikte friedlich zu lösen und den Gewalttätigkeiten in ihrem Lebensraum friedlich und effektiv entgegenzuwirken.
>
> (Martin 1999, S. 97)

Grundform 1: Raum geben – Schulleben ermöglichen

Kinder und Jugendliche brauchen Raum. Und solche Räume müssen kind – und jugendgerecht gestaltet sein. Die Spielräume sollen ihnen auch vermitteln, dass sie (...) gemocht werden – um ihrer selbst willen, nicht nur als solche akzeptiert werden, (...). Sie brauchen Freiräume, in denen sie nicht ständig Reglementierungen und Sanktionen durch Erwachsene ausgesetzt sind, in denen sie durch Aktionen und Interaktionen Kräfte bilden und erproben, Ich – Stärke gewinnen können. (...) Wir müssen unseren Kindern und Jugendlichen den Raum geben, quantitativ und qualitativ, den sie für ihre gesunde körperlich – seelische, geistige und soziale Entwicklung benötigen. (Martin 1999, S. 98)

Grundform 2: Frustration abbauen – Regeln achten – Fairness üben in Sport und Spiel

Sport fördert zwischenmenschliche Kontakte und kann auch Mittel zur Überwindung persönlicher Isolation sein. Regelbewusstsein wird durch den Vollzug im Spiel eingeübt. Gleichzeitig wird dem Sport auch eine mögliche körperliche und seelisch befreiende, aggressionsableitende Funktion zugeschrieben. (Martin 1999, S. 107)

Grundform 3: Miteinander reden – Einander verstehen

Formen von verbaler Gewalt gehören zu den besonders häufigen Gewaltformen, welche sich in der Schule finden lassen.

Empirische Untersuchungen belegen den Zusammenhang zwischen aggressivem Verhalten Jugendlicher und gestörter Kommunikation bzw. schlechten Beziehungen unter den Schüler / innen und mit den Lehrer / innen. (Meier 1997, 225ff, zitiert in Martin 1999, S.113)

Grundform 4: Interagieren – Identität fördern

Menschliche Interaktion, stellt das Medium dar, „(...) in dem Jugendliche ihre *Identität*, Ich – Stärke oder Identitätsdiffusion, ausbilden. Und dies wiederum erweist sich als Vorbedingung für eher sozial verantwortliches oder aber gewalttätiges Handeln. (...) Für die Entwicklung von Ich – Identität sind nicht nur Gespräche, Verstandenwerden u.ä. ... wichtig, sondern vor allem auch Handlungsmöglichkeiten." (Martin 1999, S. 123)

Gewaltprävention durch *Unterrichtsgestaltung* müsste jedenfalls alle jene Prozesse verhindern, durch die unannehmbare Benachteiligungen, Frustrationen, Verunsicherungen, Etikettierungen erzeugt und Einzelschüler / innen und Gruppen in Außenseiterpositionen gedrängt werden, in

denen beschädigte Identität, anti – soziale Werteinstellungen … und aggressive Neigungen entstehen.
(Martin 1999, S. 124)

Grundform 5: Medienkonsum – Durch Medien Lernen

Moderne Medien – Fernsehen, Videofilme, Computerspiele usw. – gehören zu den spektakulären Vermittlern von Gewaltdarstellungen. Kinder und Jugendliche sind besonders eifrige Konsumenten.
(Martin 1999, S. 129)

Die Bundeszentrale für politische Bildung bietet mediengestützte Programme der Gewaltprävention für Schulen und Jugendarbeit an.

Diese Filme und didaktischen Materialien sind nur Beispiele für vielfältige Angebote der Gewaltprävention durch Medieneinsatz. Bereits Bandura hatte in seiner grundlegenden Arbeit über ‚Aggression' aufgezeigt, dass Fernsehsendungen solche ‚positiven Wirkungen' haben können, ‚wenn das Medium konstruktiver eingesetzt wird' (Bandura 1979, S. 300, zitiert in Martin 1999, S.136)
(Martin 1999, S. 136)

Grundform 6: Werte bilden – Moralisch handeln

Prosoziales Verhalten hängt einerseits davon ab, welche Werte einen Menschen hautsächlich bestimmen – kulturelle, soziale, humane, ökonomische, ästhetische usw. – und welche spezielle Ausrichtung sie haben, zum anderen davon, wie motiviert, wie stark und wie effektiv diese Werte auch in kritischen Situationen vertreten und befolgt werden.
(Martin 1999, S. 140)

Grundform 7: Projekte durchführen – Lernen durch tun

Dass Lernvorgänge durch praktische, problemlösende Tätigkeiten ausgelöst und befördert werden, ist eine alte Erfahrung. Sie hat in der Pädagogik (…) einen festen Platz. Das Arrangement von zeitlich und thematisch begrenzten, von Lernenden selbstständig geplanten, durchgeführten und verantworteten Projekten wurde bereits (…) praktiziert.
(Martin 1999, S. 154)

Grundform 8: Gemeinschaft fördern – Gemeinsinn entwickeln

Grundform 9: Konflikte bewältigen – Konfliktfähig werden

Konflikte sind nicht dasselbe wie Aggressionen und Gewalt; aber sie *können zu aggressiven Handlungen ausarten.* Aus diesen Gründen gehören Strategien zur Konfliktbewältigung in Familie, Schule und Freizeit zu den wichtigsten Grundformen der Gewaltprävention.
(Martin 1999, S. 171)

Grundform 10: Mit Tätern umgehen – Gewalt entmachten

Grundform 11: Kooperieren – Vernetzen

Prävention muss sich auf familiäre Bedingungen, soziale Milieus, Institutionen usw. richten, die Gewalt mitverursachen.
(Martin 1999, S. 187)

Grundform 12: Menschen und Schöpfung achten – in Würde leben

Sie basiert unmittelbar auf Artikel 1 des Grundgesetzes der Bundesrepublik Deutschland. Und sie steht im engen Zusammenhang mit Grundsätzen, die sich zwar wissenschaftlicher Beweisführung entziehen, aber in religiösen Schöpfungsberichten und in dem gebot der Nächstenliebe ihren bestimmten Ausdruck finden.
(Martin 1999, S. 198)

3. Das Olweus - Konzept zur Gewaltprävention in Schulen

Wie wir an anderer Stelle schon festgestellt haben, ist es wichtig dem Problem der Gewalt frühzeitig entgegenzuwirken beziehungsweise bei bereits vorhandenen Aggressionsproblemen einzugreifen, um eine weitere Eskalation zu vermeiden. Hierbei gibt es eine breite Masse an verschiedenen Präventions- und Interventionsmaßnahmen. An dieser Stelle möchte ich mich etwas ausführlicher mit dem Interventionsprogramm des Norwegers Dan Olweus beschäftigen. Er gilt als der „Gründervater" der Erforschung von Gewalt an Schulen. Ende der 80er Jahre entwickelte er in Norwegen ein Konzept zur Gewaltprävention an Schulen. Er gibt darin konkrete Hinweise, wie man sich pädagogisch richtig in Gewaltsituationen verhält beziehungsweise wie man diesen vorbeugen kann.

Für Dan Olweus stellen Gewalttaten ein erlerntes Verhaltensmuster dar, welches positiv verstärkt wird, indem der Täter sein Ziel erreicht und / oder Aufmerksamkeit von den Bezugspersonen erhält. Diese Form der Verstärkung erfolgt durch Lehrer, Mitschüler und Eltern, weil diese meist inkonsequent oder gar nicht handeln. Die Gründe hierfür sind nicht eindeutig festzumachen, es kann an mangelnden Engagements liegen oder aber auf Unkenntnis zurückzuführen ist. Dieses offensichtliche Fehlverhalten besitzt möglicherweise Modellcharakter für Mitschüler. Hinzukommen eine Vielzahl weiterer Faktoren, die diese Verhaltensmuster verstärken (siehe Olweus 1996).

Ziele des Interventionsprogramms

Im Wesentlichen gibt es im Programm von Dan Olweus zwei Ziele. Das Hauptziel stellt die Verminderung der bestehenden Gewaltprobleme innerhalb und außerhalb der Schule dar, um somit der Entstehung neuer Probleme entgegenzuwirken. Ein weiteres wichtiges Ziel, ist die Steigerung der sozialen Kompetenz der Schüler. Es soll versucht werden eine bessere Beziehung zwischen den Gleichaltrigen zu erreichen und Bedingungen zu schaffen unter denen Täter und Opfer besser miteinander auskommen.

Vorraussetzung für die Erfüllung der genannten Ziele ist, dass sie Pädagogen und die Erziehungsberechtigten den Umfang der Gewaltprobleme an der Schule kennen und beide Interessengruppen sollten sich ernsthaft für eine Veränderung der gegenwärtigen Situation einsetzen.

Das Olweus – Konzept setzt dabei auf der Schul – und Klassenebene, sowie auf der individuellen Ebene unterschiedliche Maßnahmen fest. Auf der Schulebene richten sich die

Maßnahmen gezielt an die Einstellungen und Bedingungen der Schüler, welche dazu beitragen das Ausmaß der Gewalt in der ganzen Schule zu senken. Bei der Klassenebene richten sich die Maßnahmen gezielt auf die einzelne Klassen und deren Mitglieder. Das Ziel auf der individuellen Ebene soll sein, das Verhalten des einzelnen Schülers, welcher mit Gewaltproblemen zu tun hat, zu ändern.

Fazit

Das Olweus - Programm ist eine weitgreifende Möglichkeit, um Gewalt in der Schule anzugehen. In Schulen, in denen sich gravierende Aggressionsprobleme abzeichnen sollte der Vorschlag von Olweus oder ein ähnliches Programm in Erwägung gezogen werden. (vgl Heimgärtner, 2002).

4. Schlussbemerkungen

Aufgrund der Aktualität des Themas „Gewalt gegen Lehrer" ist es mir sehr schwer gefallen nur einige wichtige Punkte hier aufzuführen. Beim Schreiben der Arbeit und beim Ausarbeiten des Referats bin ich auf eine Fülle von interessanten Büchern, Artikel und Erfahrungsberichten gestoßen. Die Masse an Informationen lässt die Präsenz des Themas in unseren Schulen nur erahnen. Es ist wichtiger denn je Gewaltpräventionsprogramme in die Schulen zu integrieren und frühzeitig mit Aufklärung zu beginnen. Wie durch meine Ausarbeitung sicherlich deutlich geworden ist, ist aber nicht nur das schulische Umfeld ein wichtiger Punkt bei der Prävention, sondern das Elternhaus und das soziale Umfeld der Schüler und Schülerinnen spielt ebenfalls eine große und bedeutende Rolle.

Frühzeitig sollten Werte und Normen für ein gewaltfreies und soziales Miteinander geschaffen werden. Dafür sind nicht allein Pädagogen und Erzieher verantwortlich, sondern auch Eltern und Bekannte, sie bilden einen Großteil der Umwelt der Kinder und Jugendlichen und tragen deshalb ebenfalls ein großes Stück der Verantwortung mit.

5. Literatur

BANDURA (1979): Aggressionen – Eine sozial – lerntheoretische Analyse, zitiert in: MARTIN, Lothar R. (1999): Gewalt in der Schule und Erziehung Grundformen der Prävention und Intervention, Klinkhardt, Bad Heilbrunn / Obb.

BEZIRKSREGIERUNG MÜNSTER (2005): Gewalt gegen Lehrkräfte. Münster. IN: www.bezreg-muenster.nrw.de/service/Download_Publikationen/ Gewalt_gegen_Lehrer.pdf (Stand: 31.03.2006)

CAPLAN (1964), zitiert in: MARTIN, Lothar R. (1999): Gewalt in der Schule und Erziehung Grundformen der Prävention und Intervention, Klinkhardt, Bad Heilbrunn / Obb.

DANN, H. G. (1997).: Aggressionsprävention im sozialen Kontext der Schule. S. 351-366. In: HOLTAPPELS, H. G.; HEITMEYER, W.; MELZER, W. & TILLMANN, K.-J. (Hrsg.). Forschung über Gewalt an Schulen- Erscheinungsformen und Ursachen, Konzepte und Prävention. Juventa Verlag, Weinheim und München

HEIMGÄRTNER, Isabell (2002): Seminararbeit zum Thema: Gewalt in der Schule. In: www.ew2.uni-mannheim.de/lehrerschueler/upload/Gewalt%20in%20der%20Schule-Referat.pdf (Stand: 31.03.2006)

KLEES, Katharina; MARZ, Fritz; MONING – KONTER, Elke (Hrsg.) (2003): Gewaltprävention Praxismodelle aus Jugendhilfe und Schule, Juventa Verlag, Weinheim und München

MARTIN, Lothar R. (1999): Gewalt in der Schule und Erziehung Grundformen der Prävention und Intervention, Klinkhardt, Bad Heilbrunn / Obb.

OLWEUS, D. (1996): Gewalt in der Schule. Huber, Bern

6. Anhang

Aufgabenstellungen für die Gruppenarbeit

(BEZIRKSREGIERUNG MÜNSTER 2005, 8)

<u>Verbale Gewalt</u>

1. Formuliert zu dieser hier dargestellten Gewaltform ein passendes Beispiel.
2. Diskutiert es in der Gruppe (Ursachen, Handlungsoptionen für den Lehrer, Aufarbeitungsformen).
3. Könnt ihr von eigenen Erfahrungen berichten?

(BEZIRKSREGIERUNG MÜNSTER 2005, 11)

Sachbeschädigung

1. Formuliert zu dieser hier dargestellten Gewaltform ein passendes Beispiel.

2. Diskutiert es in der Gruppe (Ursachen, Handlungsoptionen für den Lehrer, Aufarbeitungsformen).

3. Könnt ihr von eigenen Erfahrungen berichten?

Leichte Körperverletzung

1. Formuliert zu dieser hier dargestellten Gewaltform ein passendes Beispiel.

2. Diskutiert es in der Gruppe (Ursachen, Handlungsoptionen für den Lehrer, Aufarbeitungsformen).

3. Könnt ihr von eigenen Erfahrungen berichten?

Psychische Gewalt

1. Formuliert zu dieser hier dargestellten Gewaltform ein passendes Beispiel.
2. Diskutiert es in der Gruppe (Ursachen, Handlungsoptionen für den Lehrer, Aufarbeitungsformen).
3. Könnt ihr von eigenen Erfahrungen berichten?

(BEZIRKSREGIERUNG MÜNSTER 2005, 18)

Gefährliche Körperverletzung

1. Formuliert zu dieser hier dargestellten Gewaltform ein passendes Beispiel.
2. Diskutiert es in der Gruppe (Ursachen, Handlungsoptionen für den Lehrer, Aufarbeitungsformen).
3. Könnt ihr von eigenen Erfahrungen berichten?